Disney

LE ROI LION

SIMBA

UN PAPERTOY À CRÉER

404 EDITIONS

INSTRUCTIONS

1. Pour créer votre modèle, il vous suffit simplement de suivre l'ordre des pages. Vous commencez par assembler la tête de Simba, et vous ajoutez les autres éléments existants. Pour vous aider, retrouvez des photos du montage en fin d'ouvrage.

2. **Détachez facilement** les différents éléments de votre lion préféré grâce aux lignes de découpe ! Pour créer votre déco, vous n'avez besoin que de colle ou d'adhésif double face !

3. Les lignes en pointillé indiquent tous les pliages que vous devez réaliser pour donner vie à Simba. **Les pliages sont de deux sortes :**

   pliage « montagne »

   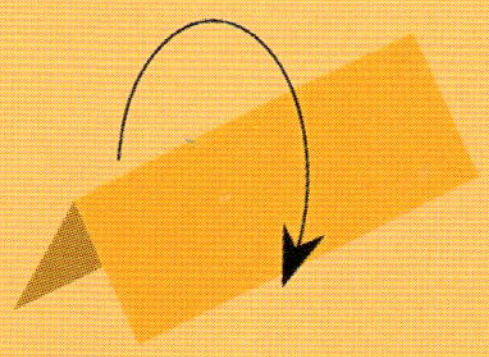

   pliage « vallée »

   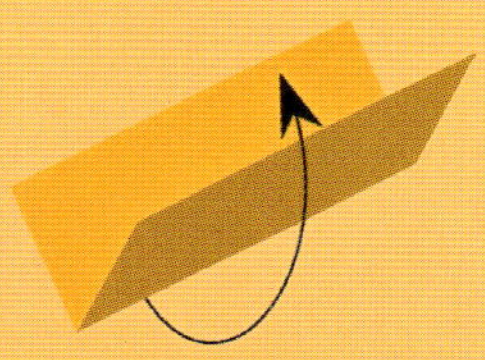

   Si jamais vous bloquez à un moment, il se peut que vous vous soyez trompé dans vos pliages.

4. Reportez-vous aux numéros qui figurent sur chaque partie de votre modèle et **assemblez-les entre eux avec de la colle** (1 avec 1, 2 avec 2, etc).

5. Vous vous retrouvez alors avec une grosse partie : la tête de Simba, son buste, puis les éléments de ses pattes. Attention : si à la fin, un numéro est encore visible, c'est que le pliage a été mal réalisé.

6. Pour **terminer le montage**, assemblez les éléments !

7. **Enfin, il ne vous reste plus qu'à illuminer votre salon en exposant votre œuvre !**

19
18
18
17
14
15
16
26
28
29
2
7
33
34
6
35
8
55
56
10
11
12
13
27
40
49
59
39
141
38
141
37
48
47
36
42

20
32
31
30
13
3
12
11
4
5
5
10
40
8
39
38
36
37

43
41
146
42
44
146
45
25
46
24
58
24
23
20
3
30
21
1
31
22
4
32
5
5
54
6
57

42
42
46
47
48
26
27
41
43
44
28
25
29
16
15
24
24
14
17
18
18
33
34
19
21
23
22
45
35
2
7

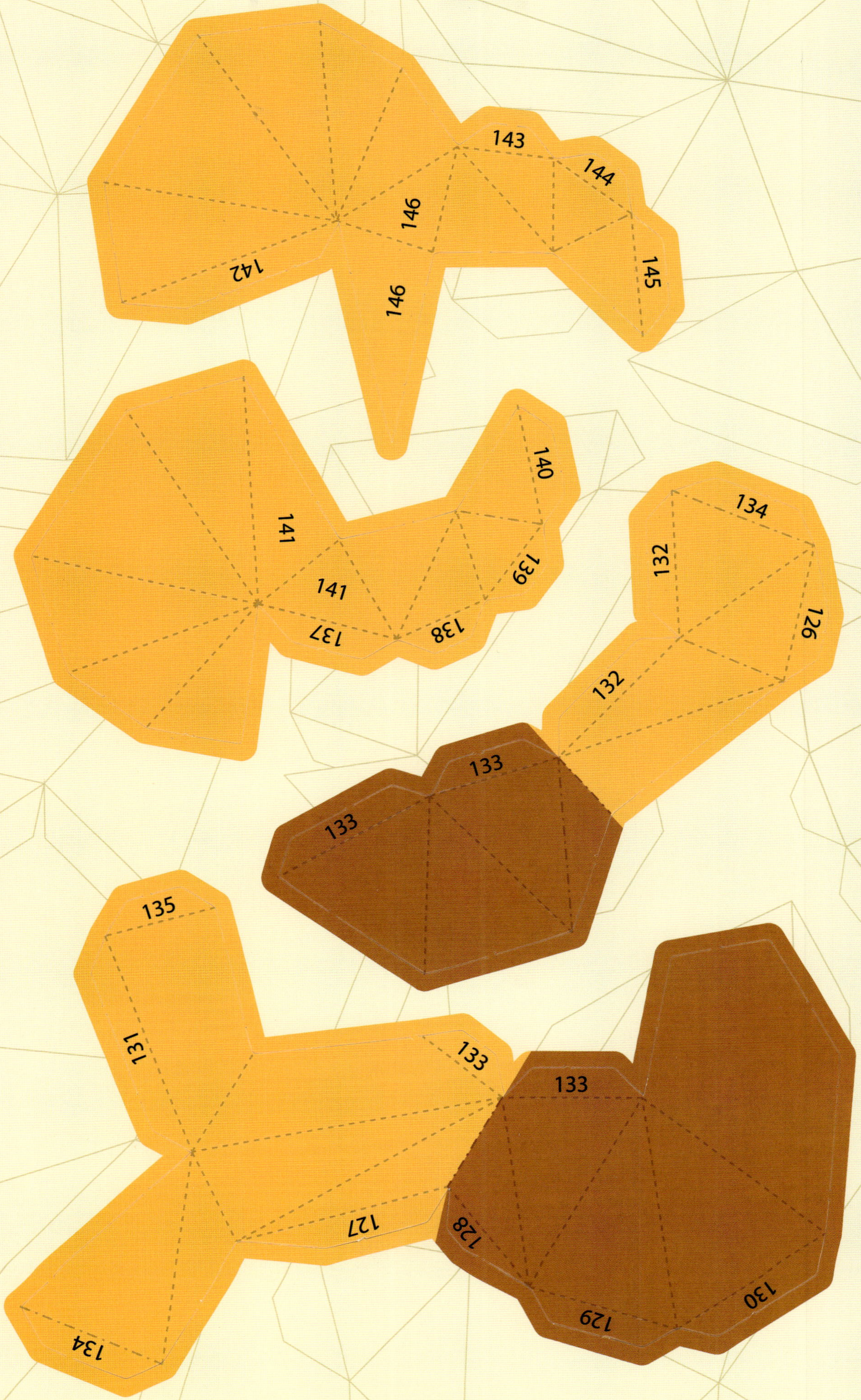
143
144
146
146
142
145
140
141
141
139
137
138
134
132
126
132
133
133
135
131
133
133
127
128
129
130
134

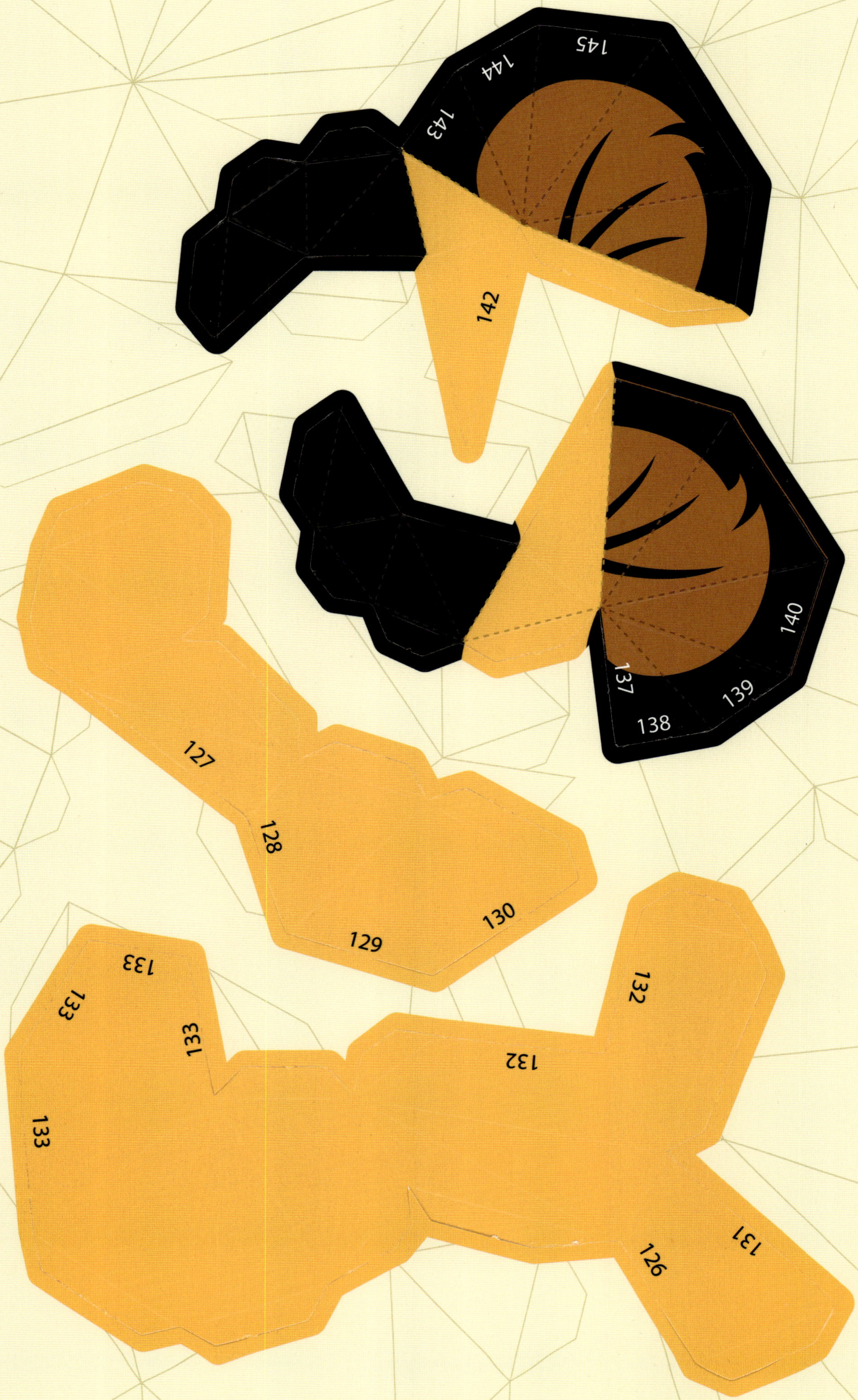

145
144
143
142
140
137
138
139
127
128
130
129
133
133
133
133
132
132
132
126
131

79
88
87
86
85
74
73
84
83
99
124
125
98
94
97
96
95
76
78
75
77

74
134
73
70
75
59
76
71
72
115
134
108
123
122
116
117
79
62
78
61
77
58
60

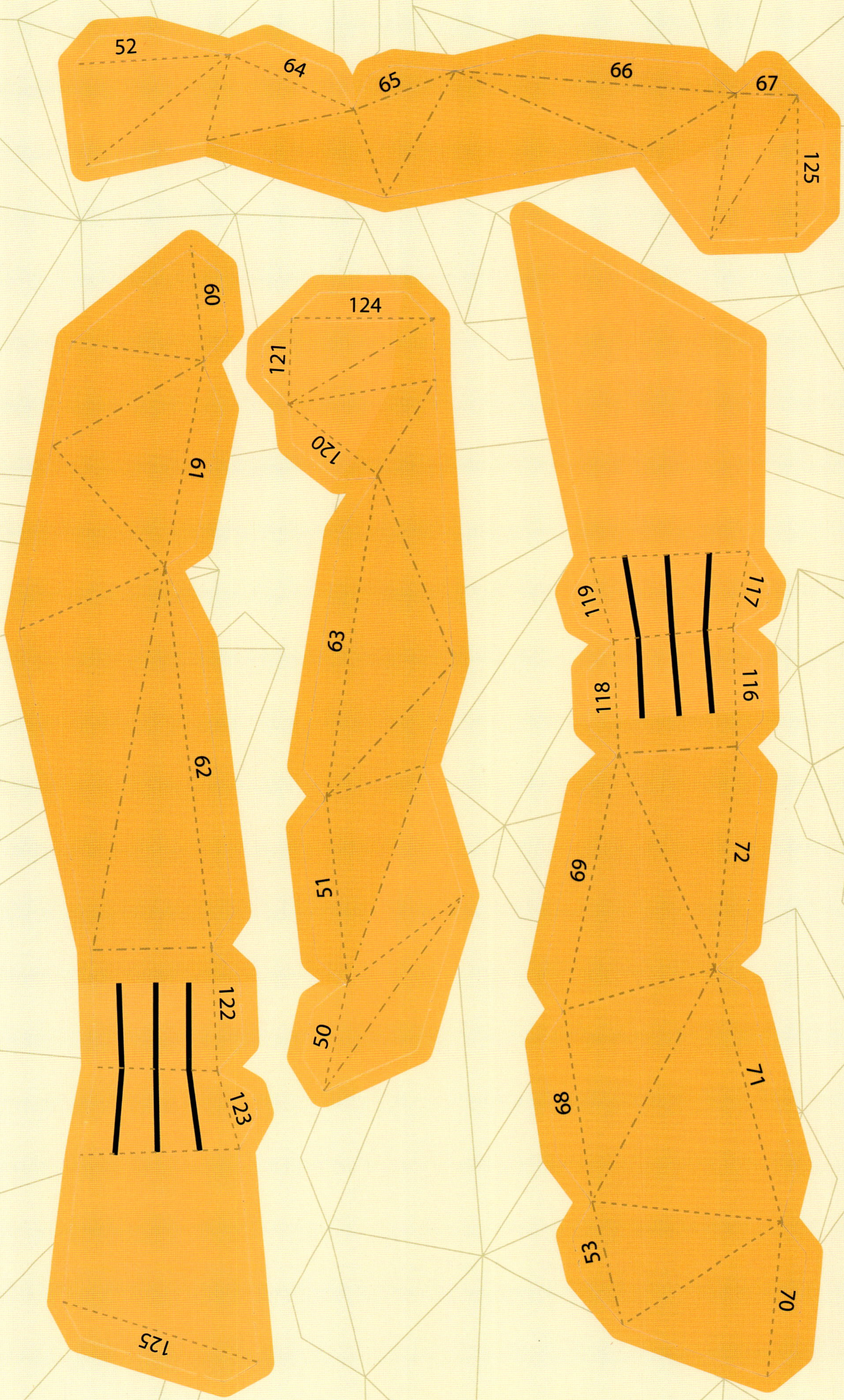
52
64
65
66
67
125
60
61
62
122
123
125
124
121
120
63
51
50
119
117
118
116
69
72
68
71
53
70

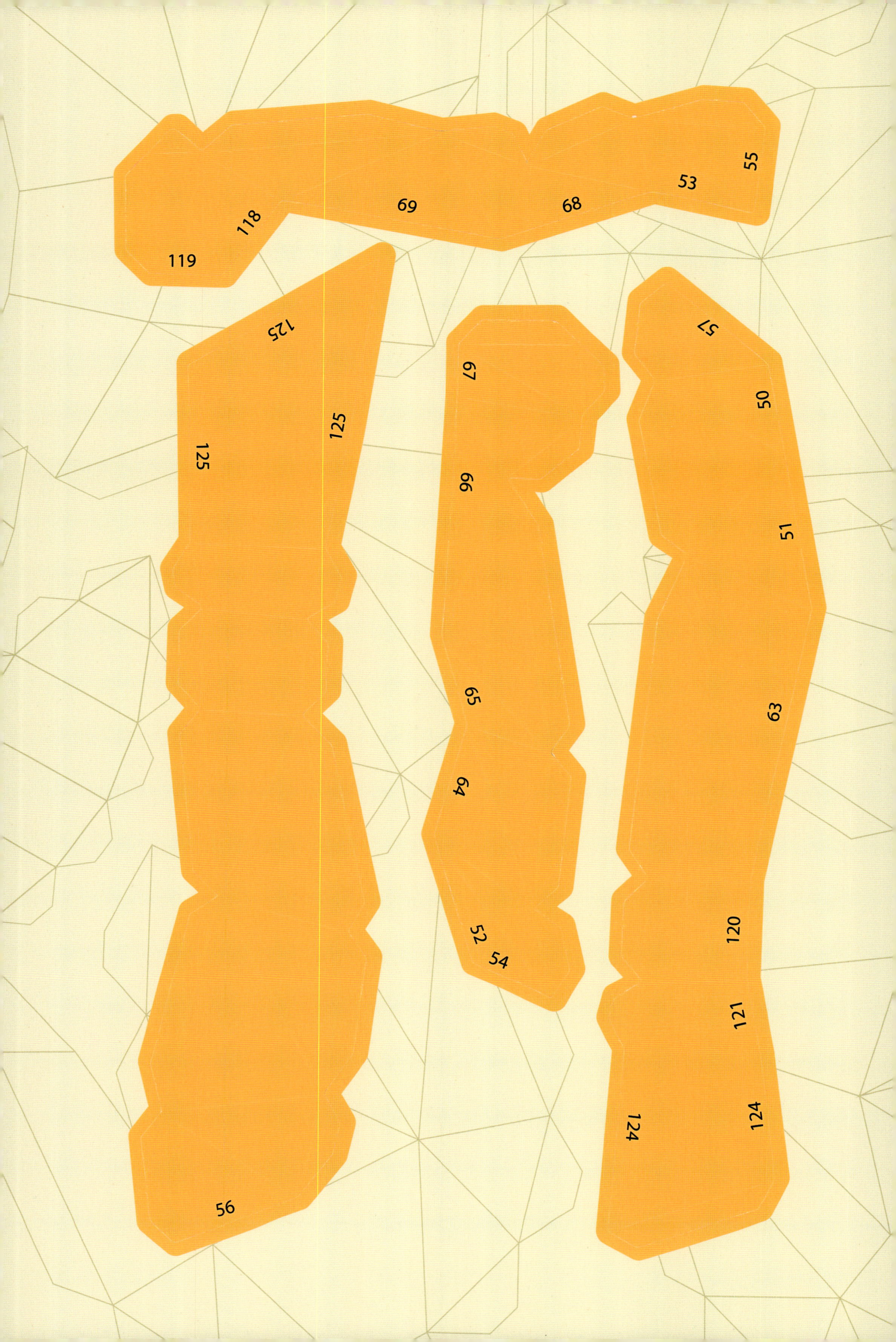
55
53
68
69
118
119
125
125
125
57
50
51
63
120
121
124
124
67
66
65
64
52
54
56

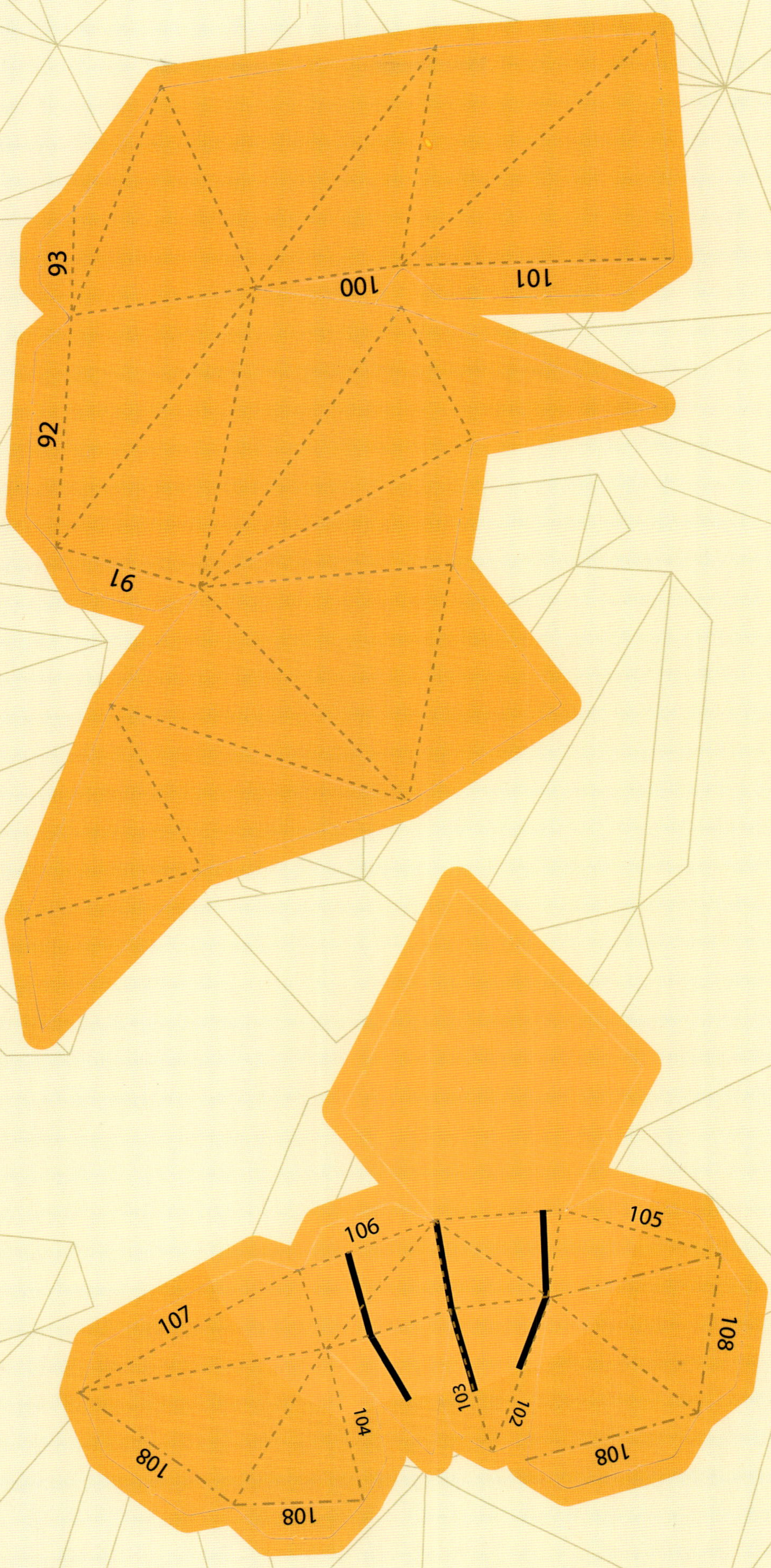
93
100
101
92
91
106
105
107
108
104
103
102
108
108
108

66
86
136
97
100
101
108
108
108
91
94
95
92
96
93
107
105
106
102
103
104

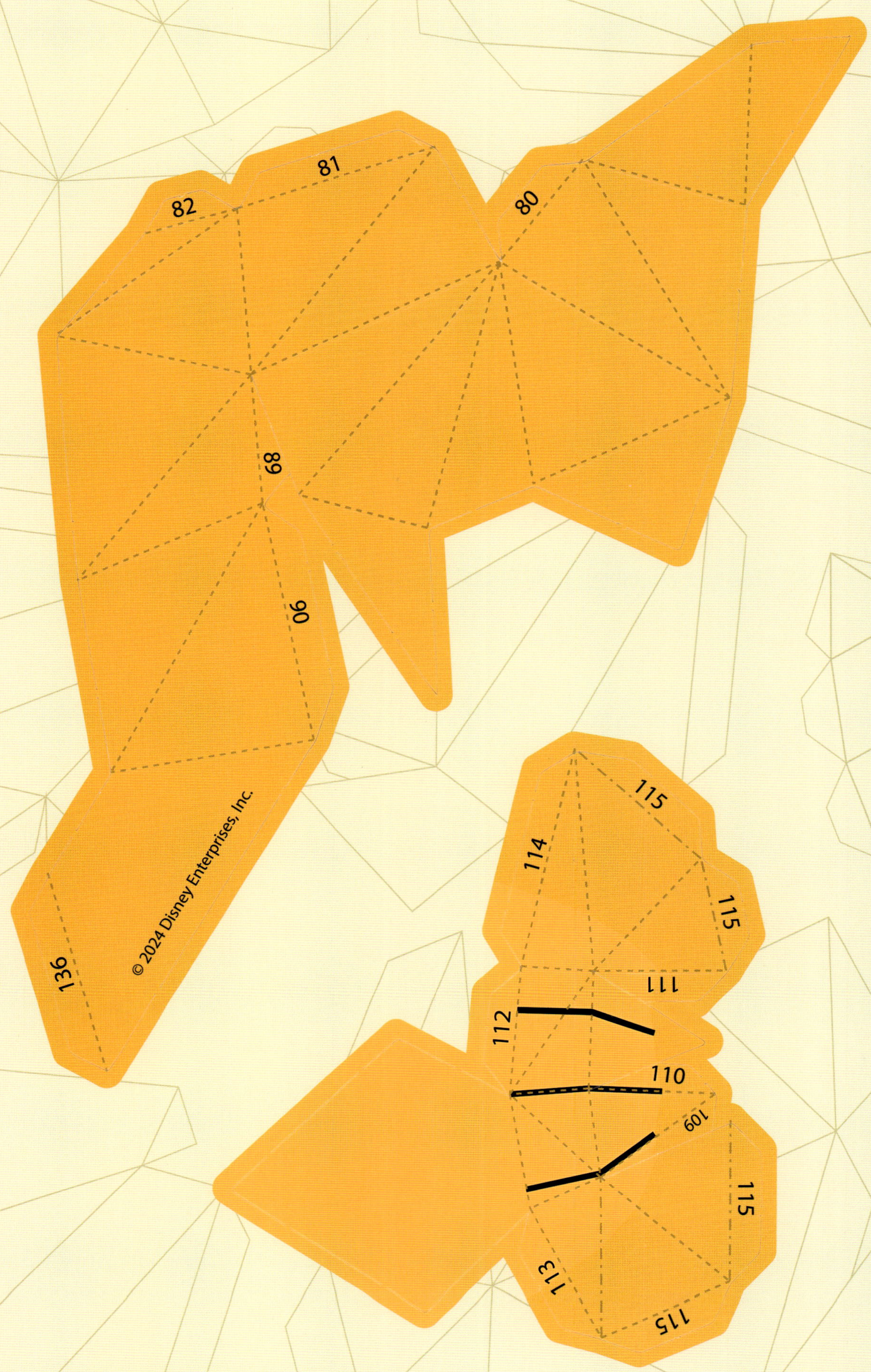
82
81
80
89
90
136
115
114
115
111
112
110
109
115
113
115

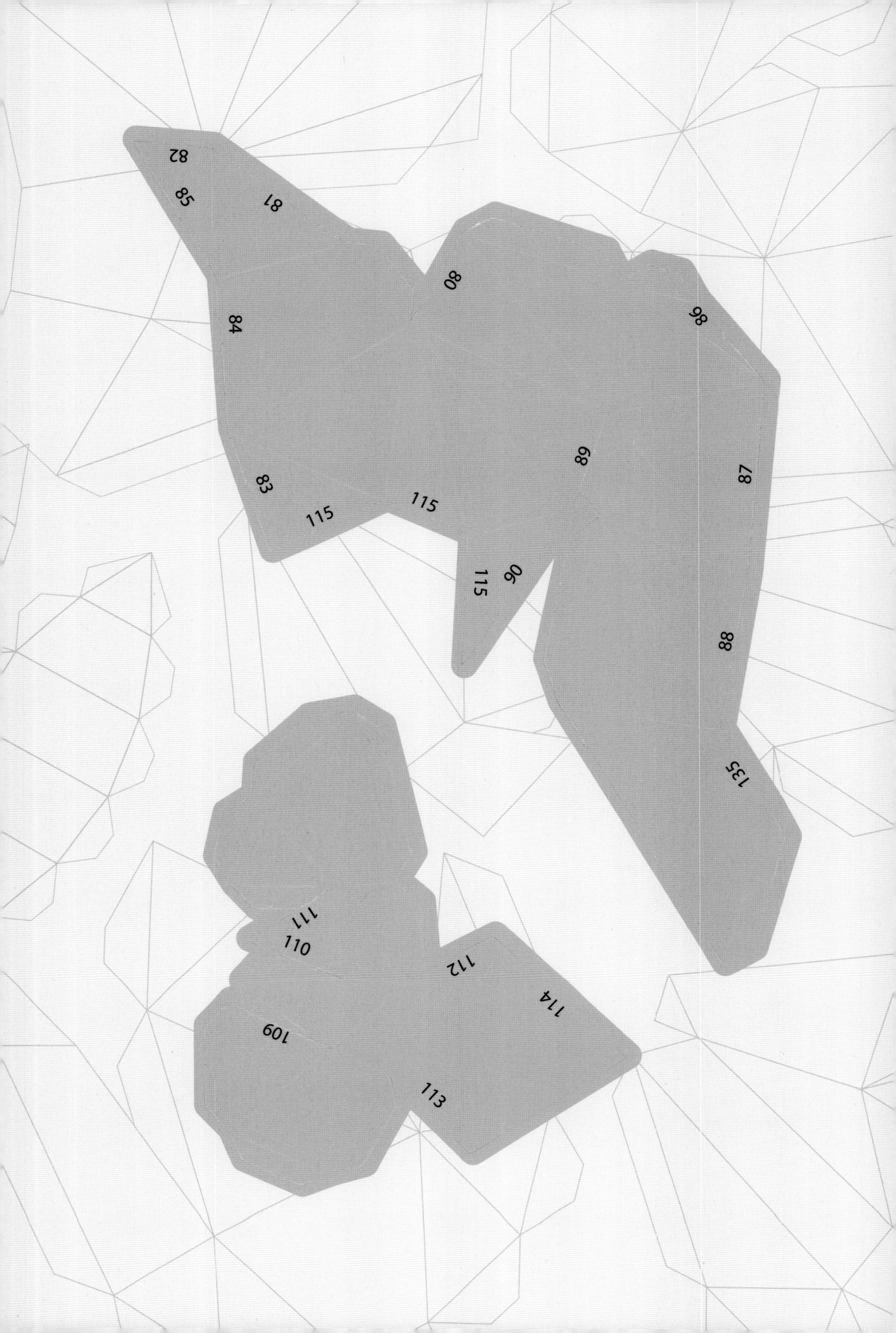
82
85
81
80
84
83
115
115
115
87
88
135
111
110
112
114
109
113

La preuve que c'est facile, **EN PHOTOS !**

141
141

146
44

57
46

115
115

133

135

BIM !!!

PROFITE DE TA CRÉATION
SIMBA CHEZ TOI !

GÉNIAL